무대 위에서 빛나는 춤꾼 김영민

어린 시절과 가족사진

(위)분장실에서, (아래)관객들과 함께

?!

(위)선교 활동-가나에서, (아래)수어 공연 중

(위)보자기 포장법 강사 활동 중에, (아래)직접 만든 한복을 입힌 인형을 들고

전통무용 <풍월도> 공연을 앞두고

누구 시리즈

문학적 초상화 프로젝트
2025년 <누구?!시리즈10>을 발간하며

궁금증이 감탄으로 변하게 하는 이야기를 담은 작은 인문학도서 〈누구?!시리즈〉를 기획하게 되었다. 인문학이란 사람의 이야기를 기본으로 하는데 그 삶에서 장애는 비장애인들이 경험하지 못한 특별한 이야기여서 사람들에게 감동을 준다.

특히 장애인예술은 장애예술인의 삶 속에서 녹아 나온 창작이라서 장애예술인 이야기를 책으로 만드는 〈누구?!시리즈〉는 꼭 필요한 작업이다. 이 책은 장애예술인의 활동을 알리는 소중한 자료가 될 것이기에 〈누구?!시리즈〉 100권 발간 목표를 세웠다. 의문과 감탄을 동시에 나타내는 기호 인테러뱅(interrobang)이 〈누구?!시리즈〉를 통해 새로운 감성으로 확산될 것으로 믿는다.

〈누구?!시리즈 100〉이 완간되면 한국을 빛내는 장애예술인 100인이 탄생하여 장애인예술의 진가를 인정받게 될 것이며, 100인의 장애예술인을 해외에 소개하면 한국장애인예술의 우수성이 K-컬처의 새로운 화두가 될 것이다.

_ (사)한국장애예술인협회

누구?! 시리즈 40

무대 위에서 빛나는 춤꾼 김영민
김영민 지음

초판1쇄 발행 2025년 11월 20일

지은이 김영민
펴낸이 석창우
펴낸곳 한국장애예술인협회(KDAA)
등 록 2025년 5월 7일
주 소 서울시 금천구 서부샛길 606, 대성지식산업센터 B동 2506-2호
전 화 (02)861-8848
팩 스 (02)861-8849
홈주소 www.emiji.net
이메일 klah1990@daum.net

값 12,000원

ISBN 979-11-993059-1-5 03810

주최 (사)한국장애예술인협회
후원 문화체육관광부 / 한국장애인문화예술원

누구 ! 시리즈 40

무대 위에서 빛나는 춤꾼 김영민

김영민 지음

침묵 속에서 강렬하게 나빌레라

김영민의 춤은 처음에는 오르기 힘든 산이었지만
이제는 김영민의 춤이 산이 되어 그곳에 있다.
누군가가 함께 올라오기를 기다리면서 농인 예술인들의 산이 되고 싶은 것이다.

도서출판 **KDAA**

여는 글

김영민에게 춤은 산이다

  김영민이 긴 세월 한 길을 걸어올 수 있었던 힘은 '산이 거기에 있기 때문에 오른다.'라는 말이 있듯이 그녀에게는 춤이 바로 산이었다. 사람들이 산을 오르는 것은 한 걸음 한 걸음 힘들게 오르다 보면 어느덧 정상에 오를 수 있듯이 김영민은 성실하게 자신의 길을 가고 있는 춤꾼이다.

  그녀는 어려서부터 춤이 너무 좋았다. 춤추는 모습을 보고 있으면 너무 멋있어 보여서 한눈팔지 않고 주목한다. 그리고 본인이 춤을 출 때면 외롭다는 생각도 들지 않고, 청각장애라는 것도 잊고 그냥 춤에 푹 빠져든다. 그녀에게 춤은 살아가는 이유이자 살아갈 수 있는 동력이 된다.
  소리가 들리지 않기에 다른 사람보다 더 많은 시간을 더 힘들게 **노력해야** 하지만, 그렇게 춤을 추고 있는 동안에는 아무런 생각이 **나지 않고**, 오히려 김영민이 춤이 되고, 춤이 김영민이 되는 것 같다. **김영민 인생은 춤꾼의 여정이다.**

춤인생 40여 년이 되고 나이가 들다 보니 요즘은 젊었을 때처럼 보여 주기 위한 겉멋 든 춤사위보다 진정한 춤의 맛과 의미를 느끼며 추고 있다. 건강이 허락하는 한 오래오래 무대 위에서 관객들 앞에서 울림 있는 춤을 선보이고 싶다.
　그리고 자신의 이름으로 새로운 작품을 만들어 우리 춤의 춤선이 얼마나 아름답고 신명나는 것인지 많은 농인들에게, 그리고 다른 모든 사람들에게 알려 주고 싶다.
　김영민의 춤은 처음에는 오르기 힘든 산이었지만 이제는 김영민의 춤이 산이 되어 그곳에 있다. 누군가가 함께 올라오기를 기다리면서 농인 예술인들의 산이 되고 싶은 것이다.

2025년 가을 산을 바라보며
김영민

차례

여는 글 김영민에게 춤은 산이다　　　　12

김영민의 짧은 인생 이야기　　　　17
춤추기를 좋아하는 아이　　　　26
김기창 화백처럼 화가가 되어야 해　　　　34
무용을 전문적으로 배우다　　　　39
김영민이 춤을 추는 방법　　　　43
비버데프(deaf)예술단을 창단하다　　　　47
의상을 직접 만들며 얻은 재주　　　　49
청각장애예술인에게 꼭 필요한 음악도우미　　　　55
주위 사람 살피기　　　　62

공연 활동의 어려움	69
잊지 못할 공연들	73
늘 배우는 자세로 무대를 준비하다	80
관객으로 춤을 배우다	83
해외 공연으로 성장하다	91
무대에 서면 행복한 춤꾼	94
고마운 사람들이 있어서 힘이 난다	100
나는 영원히 춤꾼이고 싶다	105

?

김영민의 짧은 인생 이야기

　김영민은 1962년에 충남 아산에서 태어났고, 서울농학교 근처에서 외할머니와 함께 살았다. 태어나서부터 청각이 손상된 선천성 난청인데 1남 4녀 자녀는 물론 부모 중에 농인이 없었기에 영민에게 청각장애가 있을 것이라는 생각은 단 한 번도 하지 않았다. 첫아이라서 육아에 경험이 없는 부모는 아기가 순하다고만 생각했다.

　영민은 유치원부터 고등학교까지 농아학교에 다녔다. 당시는 장애아의 통합교육은 꿈도 꾸지 못할 때였다. 영민의 학교 밖 생활은 교회였다. 그곳에 가면 농인 친구들을 많이 만날 수 있어서 좋았다.
　그녀는 무용을 하면서 다듬어진 외모로 눈에 확 띄는 미인이라서 처음 보는 사람들이 관심을 보이며 말을 걸었다. 성격이 활달한 편이라서 농인들이 말을 걸면 금방 잘 어울렸지만 건청인이 말을 걸면 어떻게 해야 할지를 몰라 피하곤 했다. 소통에 어려움이 생기면 마음이 불편했던 것이다.

영민은 교회에서 알게 된 오빠와 사랑을 하게 된다. 가장 풋풋했던 나이인 18세에 만나서 25세에 결혼하였다. 7년 동안 연애를 한 것이다. 두 사람은 서로 사랑하기에 결혼을 빨리 하고 싶었지만 부모님의 반대가 심했고, 학교 선생님들도 반대를 하셨다. 남편이 농인이어서가 아니라 남편의 경제력으로는 영민이 결혼 생활을 하는데 어려움이 많을 것이라는 판단 때문이었다.

"결혼 생활은 사랑만으로 행복할 수 없어. 결혼이 뭐 그렇게 급해. 조금만 더 생각해 봐."

영민은 결혼 문제로 엄마와 다투고 위로를 받고 싶어서 선생님을 찾아가면 선생님들도 영민 편이 아니었다.

"선생님두 어머님 판단이 옳다고 생각해. 교회 오빠가 편하겠지. 그 친구 착한 사람인 거는 선생님두 알어. 하지만 착한 것만 갖고는…."

두 사람은 부모님이 허락할 때까지 기다리기로 하였다. 자식 이기는 부모 없다고 마침내 허락을 해 주시어 1987년에 결혼식을 올렸다.

영민은 공연 준비로 바빠서 차분히 가정 살림을 할 수 있는 시간이 없고, 지방 공연으로 집에 들어오지 못하는 날도 많았지만 남편은 단 한 번도 아내의 활동을 반대하지 않았다. 오히려 아내의 활동을 경제적으로 지원해 주지 못하는 것을 늘 미안해하였다. 늘 말없이 지켜보면서 예술인 아내를 자랑스러워하는 듬직한 남편이었다.

자녀로 외동딸이 있는데 다행히 청력이 건강한 건청인이다. 부모에게 모두 청각장애가 있으면 자녀에게도 청각장애가 발생할 확률이 높다고 하지만 부부는 그런 문제로 태어날 생명을 거부해서는 안 된다고 생각했다. 그래서 임신을 망설이지 않았고 출산 역시 당연한 일이었다. 엄마는 결혼을 승낙하면서 자녀의 장애를 염려하였지만 부부는 걱정하지 않았다. 모든 것이 하느님의 뜻이라고 하늘에 맡겼다.

그런데 막상 건강한 아이가 태어나자 엄마는 무척 좋아하시며 아기를 키워 주시겠다고 하였다.

"너도 외할머니가 키워 주셨잖아. 네 딸을 내가 키워 주는 게 당연한 거야. 넌, 공연다니느라고 바쁘잖아."

엄마는 손녀가 농인 부모에게서 자라면 언어발달이 늦어질 것을 걱정하여 외손녀를 키워 주시겠다고 나선 것이다. 그래서 영민의 딸도 영민처럼 외할머니 밑에서 자랐다. 그 덕분에 영민은 공연 활동에 최선을 다할 수 있었다.

딸은 3년 전에 호주인 사위랑 결혼하여 아들을 한 명 키우고 있는데 딸네는 호주에 거주하고 있어서 자주는 못 보지만 잘 살

고 있어서 영민의 마음이 편하다.

　부모가 농인이라서 딸도 알게 모르게 많은 어려움이 있었겠지만 딸은 그런 내색 한번 하지 않고 씩씩하게 자라 주었다.

　"엄마가 학교에 가서 선생님께 인사를 드려야 하지 않을까?"

　"괜찮아, 우리 엄마는 예술인이라서 공연이 많기 때문에 바쁘다고 했어."

　딸은 엄마가 무용을 하는 예술인이라는 사실에 자부심을 느끼고 있었던 듯하다.

나는 행복한 엄마

　우연히 앨범에서 딸내미가 아주 어렸을 때 쓴 손편지를 보는 순간 미소는 지었지만 가슴이 아려 왔다. 내가 무용하는데 드는 비용이 부담스러워서 그만두었을 때, 딸이 엄마 재능이 아깝다고 내 손을 잡고 부담없이 배울 수 있는 문화센터로 나를 데려다 주었다.

　그 계기로 나는 계속 춤을 추고 있는 것이다. 나는 정말 행복한 엄마이다. 딸아! 고맙고, 깊이 깊이 사랑한다.(2016. 5. 5.)

딸과의 17일

　푸른 하늘에 솔솔 부는 가을바람이 내 마음을 달래 주는 고마운 날씨이다. 3년 만에 호주에서 딸이 와서 17일 동안 있다가 어제 떠나가 버렸다. 딸이 있다가 가니 허전했다. 괜히 마음이 공허했는데 이쁜 후배의 초대로 뮤지컬 〈벤허〉를 관람했다. 보는 즐거움이 가득했으나 귀가 막혀 무슨 내용인지 잘 몰라 답답했다. 그래도 볼 수 있고, 느낄 수 있어서 감사한 하루였다.(2019. 10. 12.)

어머니가 나이가 들자 거동이 힘들어지시더니 나중에는 간병이 필요해졌다. 영민은 바쁜 시간을 쪼개어 어머니를 간병하는데 최선을 다했다. 어머니는 큰딸의 간병을 받으며 늘 고마워하셨다.
"내가 너를 소리를 듣지 못하게 낳은 죄인이다. 미안하다. 네가 무용가로 성공해 줘서 고맙구나."
영민은 엄마가 자기 마음을 몰라 준다고 서운할 때가 있었지만 엄마 마음 한구석에는 딸의 장애에 대한 아픔이 대못이 되어 박혀 있었던 것이다. 어머니는 작년 봄에 돌아가셨다. 살아 계셨을 때는 보고 싶을 때 언제든지 달려가면 볼 수 있고, 만질 수 있지만 지금은 바람만 불어도 엄마 생각이 난다.
아버지는 올해 95세인데 건강하셔서 혼자서 잘 지내신다. 일정이 없으면 찾아가서 아버지를 보살펴 드린다. 맏딸이기에 내가 당연히 해야 할 일이다. 효도는 살아 계실 때 하는 것이다.

바람이 되어 어루만지는 손길
쌀쌀한 가을바람 속에서 가슴을 어루만지듯 따스한 바람이 스치고 간다. 나의 머리를 쓰다듬는 듯하다. 갑자기 아련한 그리움이 몰려온다. 엄마의 손길이 바람되어 다독이고 갔나 보다. 너무도 따스한 느낌에 안으려고 하니 사라졌다. 엄마와의 이별이 아직

?

가족사진

?

24
누구 시리즈 40

도 시리도록 아팠나 보다, 바람아 전해다오. 엄마가 너무너무 그립다고.(2024. 10. 29.)

살풀이춤을 출 때 떠오르는 엄마 얼굴

　엄마의 흰 꽃바람, 요즘 들어 살풀이춤을 출 때마다 엄마 얼굴이 떠오른다. 지금까지 느끼지 못했던 감정을 싣다 보니 그리움이 사무쳤다. 하얀 수건으로 감았다가 메고 흩날리면 엄마의 흰 꽃바람과 같아서 내 마음에 위안이 되고 가슴에도 흰 눈송이처럼 잔잔히 스며들어 화려하지 않고 단아하고 소박하게 살고 싶어진다.

　엄마 한복으로 만든 치마를 입어 보니 엄마품에 포근히 안긴 듯한 편안함이 밀려온다.

　그리고 승무까지 배울 수 있어서 재미있고 좋았다. 북을 칠 때마다 엄마가 내 등을 토닥토닥 쓰담쓰담해 주시는 것 같아 힘이 나기도 한다.

　이제 춤의 멋이 춤의 맛으로 느껴질 나이다 보니 춤출 때는 뭔지 모를 소소한 행복감에 빠져든다. 나답게 색깔 있는 춤꾼이 되련다.(2025. 2. 5.)

춤추기를 좋아하는 아이

 김영민이 처음 춤을 추게 된 것은 유치원 때였다. 유치원은 노래와 함께 율동을 배우는데 어린 영민은 노랫소리는 듣지 못해도 선생님이 가르쳐 주는 율동을 노래에 맞춰 기가 막힐 정도로 해냈다. 영민이 소리를 듣지 못한다는 것을 잊어버릴 정도로 영민은 몸에 리듬감이 있었다.
 초등학교에서도 영민의 무용은 선생님의 눈에 띄었다. 그래서 선생님은 항상 이렇게 말했다.
 "김영민! 앞에 나와서 해 볼까?"
 선생님의 권유로 앞에 나서서 무용을 하면 아이들이 손뼉을 쳤다. 무용을 하면 잘한다는 칭찬을 많이 받았고, 그 칭찬 때문에 무용을 할 수 있는 기회가 더 많이 생겼다.
 "우리 학교 예술제에 김영민 학생이 출전하게 되었어요."
 이렇게 반 대표로, 학교 대표로 뽑혀서 무용대회에 참가하는 일이 많았다. 어려서부터 학교에서 무용 발표회 때마다 상을 받

무대 위에서 빛나는 춤꾼 김영민

앉는데 중고등학교 때는 직접 작품을 만들어서 발표를 하곤 하였다.

이런 재능이 생긴 것은 TV에 무용이 나올 때마다 불러서 보게 한 외할머니의 영향이 컸다. 할머니가 춤을 무척 좋아하셨기 때문에 손녀와 함께 무용을 보면서 즐거워하시며 할머니는 손녀에게 말했다.
"영민아, 저거 너두 할 수 있제? 한번 해 봐라."
TV에서 본 춤을 춰 보라고 하면 영민은 할머니 앞에서 바로 그 춤을 흉내 내곤 했는데 할머니는 손녀의 춤을 보면서 손뼉을 치셨다.
"영민이 네가 저 애들보다 더 잘 춘다."
할머니가 잘한다고 칭찬을 하니까 영민은 TV에서 춤을 추면 따라서 춤을 췄다. 그렇게 어렸을 때는 TV에 나오는 춤을 흉내 낸 것이 무용을 습득하는데 큰 도움이 되었다.
그런데 집에서 할머니한테 듣던 칭찬보다 더 힘이 된 것은 선생님들의 칭찬이었다. 선생님들은 영민에게 춤에 재능이 있다고 말씀해 주셨다. 춤을 좋아하는 데다 춤에 재능이 있다는 말씀에 영민은 춤꾼의 길로 들어서는 것을 망설이지 않았다.

할머니는 영민이 34세 때 돌아가셨는데 그녀가 한창 활동을 하던 시기였다. 할머니는 영민이 공연을 다니는 것을 무척 좋아하셨다. 공연이 있다고 하면 곱게 단장하시고 공연장에 찾아오셔서는 춤에 대한 평가도 해 주셨다.

"니가 이래 훌륭한 춤꾼이 될 줄 알았다. 영민이 니는 얼굴에서부터 춤을 춘다."

그녀가 30세가 되었을 즈음 할머니를 모시고 살던 이모님 댁에 할머니가 생각이 나서 놀러 갔었다. 할머니방의 옷장을 정리하다가 큰서랍 안 모서리에 신문으로 싼 물건을 꺼내 펴보았다. 신문지를 펴본 순간 가슴이 미어져 몸이 굳어 버렸다.

그것은 세 갈래로 땋인 그녀의 긴 머리카락 뭉치였다.

영민의 집은 경기도 평택이었는데 학교 문제로 그녀는 이모와 할머니와 서울에서 같이 살았다. 학교에 갈 때마다 할머니께서 매일 정성으로 긴머리를 양갈래로 예쁘게 땋아 올려 주셨는데 까만 고무줄로 묶어서였는지 머리가 당길 정도로 늘 아팠었다.

중학생이 되고부터 단발머리를 하니까 얼마나 좋았던지 날아갈 기분이었다. 매일 땋지 않아도 되고 아프지 않아서 좋았던 것이다.

할머니는 그때 자른 머리카락을 아까워서 버리지 않고 20년 동안 고이 간직하셨던 것이다.

할머니의 사랑을 잊지 못해서 수년 전부터 할머니께 바치는 춤을 꼭 만들어 보고 싶은 간절한 소망이 있었는데 드디어 1997년에 대한민국장애인국제무용제에 〈바랜 시간〉이라는 작품으로 자

무대 위에서 빛나는 춤꾼 김영민

?

할머니가 보관하신 땋은 머리카락(중학생이 되면서 잘랐음)과
어머니가 보관하신 저고리(유치원 첫 공연 때 입었음)

신의 꿈을 이루게 되어 가슴이 뭉클했다. 할머니에게 바치는 무대라서 온 힘을 다했기에 행복했다.

작품 〈바랜 시간〉의 스토리는 머리카락을 땋고 자르며 사랑으로 품어 주신 할머니와 손녀의 이야기이다. 아쉽게도 공연이 한 번에 끝나 버려서 아까운 작품이지만 그녀에게는 영원한 공연이었다.

관객들과 함께 그리움과 감동을 나눌 수 있어서 좋았다. 그 작품의 동영상을 볼 때마다 할머니께서 살아 계신 듯하다. 지금 영민도 할머니의 금가락지를 간직하고 있다. 가끔 할머니 금가락지를 손가락에 끼워 보면서 혼자 중얼거린다.

"할머니! 참으로 감사했으며 사랑합니다. 그리고 보고 싶습니다."

빨간 저고리

친정에서 옷장을 정리하다 유치원 때 입었던 빨간 저고리를 발견했다. 엄마는 지금까지 그 옷을 보관해 두셨던 것이다. 그 빨간 저고리는 유치원 때 첫 공연에서 입었던 무대의상이다.

엄마의 지극한 사랑의 마음도 그대로 보관되어 있었다. 너무나 감동하여 가슴이 메어진다. 나의 이픔을 받아들이고 감싸 주신 그 사랑을 받아 내 딸에게도 깊은 사랑을 물려주고 싶다.(2016. 6. 7.)

김기창 화백처럼 화가가 되어야 해

　어머니는 청각장애인의 우상인 운보 김기창 화백처럼 미술을 하기를 원하셔서 딸이 무용을 하는 것을 반대하였다. 청각장애인은 소리를 듣지 못하기 때문에 음악에 맞춰 동작을 하는 무용은 맞지 않는다고 생각했다. 청각장애인은 시각적인 요소가 많이 작용하는 미술을 선택하는 것이 최선이라고 믿었기에 영민을 미술학원에 보냈다.
　"영민아, 너는 운보 김기창 화백처럼 멋진 화가가 될 수 있어."

　그래서 한때 어머니 말씀에 순종해서 무용을 잠시 접고 미술 공부를 했다. 무용학원에 다닐 때는 시간이 금방 지나갔지만 미술학원에 앉아 있으면 시간이 가지 않아서 지루했다. 물론 그림 그리는 것도 좋아했지만 유화 물감 냄새 때문에 머리가 아팠다. 그리고 성격상 오래 앉아 있지 못해서 그림 그리기가 싫었다. 벌떡 일어나서 몸을 움직이고 싶었다.

무대 위에서 빛나는 춤꾼 김영민

?

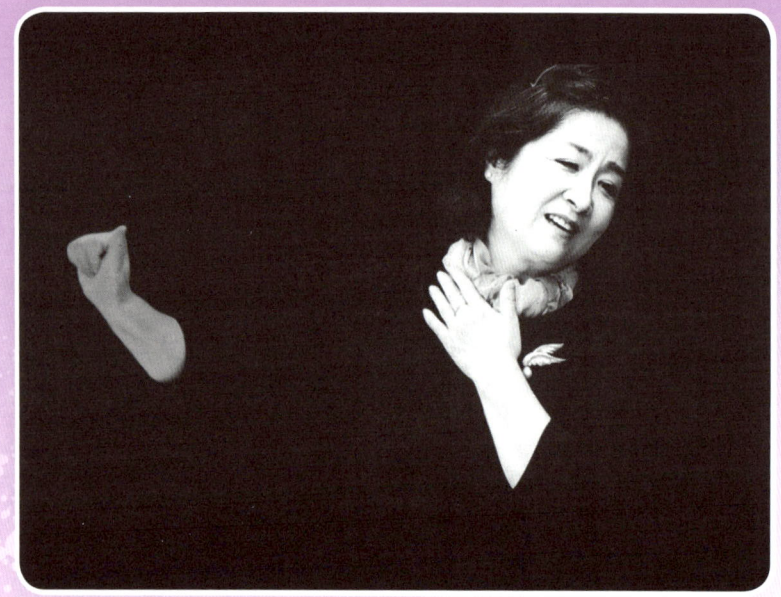

수어 공연

마음 한구석에는 무용에 대한 열정이 남아 있었다.

영민은 그때 춤을 포기한 것이 아니라 잠시 멈추었던 것임을 깨달았다. 그래서 학교에서나 교회에서 그리고 장애인복지관에서 문화강좌로 무용프로그램을 실시하면 빠지지 않고 참여하였고, 무용과 관련된 행사에 참여하면서 무용을 배우려고 노력하였다.

그러다 본격적으로 무용을 시작한 것은 20대 초반이었다.

운보 김기창 화백이 세운 청각장애인복지관인 청음회관에서 1987년 청음농아극단이 창단된다는 소식을 접하고 바로 찾아갔다.

농인들이 중심이 되어 활동하는 극단으로, 수어를 활용한 연극 및 무용 공연 등을 통해 농문화를 알리고 문화적으로 소통하는 것이 목적이었다.

청음농아극단 단원으로 무용과 연기를 연습하고, 창단 공연인 〈혼의 소리〉에 참여하여 서울, 원주, 전주, 청주 등 지방 순회공연도 하였고, 1989년 미주 순회공연을 마치고 제25회 백상예술대상 특별상을 받은 데 이어 1991년에는 두 번째 연극 〈탈의 소리〉로 제27회 동아연극상 특별상을 수상하였다.

당시는 지금처럼 장애인예술이 발전하지 못하여 소리를 듣지 못하는 농인이 음악에 맞춰 춤을 춘다는 사실이 화제가 되어 사람들의 주목을 받았다. 언론에서도 청음농아극단의 활동을 많이 다뤄 주었다.

김영민은 장애인예술 1세대로 농인으로서 펼치는 예술 활동에 어려움도 있었지만 그만큼 보람도 컸다.

 김영민은 국내외로 공연을 다니면서 정말 행복했다. 청음농아극단은 그동안 설 무대가 없었던 청각장애예술인들에게 날개를 달아 주었다.

무용을 전문적으로 배우다

영민은 30대 초반에 수원여자대학교 사회교육원에서 김영실 선생님께 무용을 배웠다. 무용은 눈으로 보고 몸짓으로 배우는 것이라서 눈치껏 따라하며 열심히 익혔다.

하지만 무용 세계가 어떻게 돌아가는지 제대로 이해하기 힘들었고 이론은 수어통역 서비스가 없던 시절이라서 제대로 이해하지 못했다.

당시 선생님이 그녀의 사정을 알고 레슨비도 받지 않고, 의상도 선생님이 사용하는 의상을 빌려주면서 많은 지도를 해 주었다. 또한 공연을 할 때는 그녀를 늘 맨 앞에 서게 배려해 주고, '김영민의 춤'이라는 제목으로 공연도 할 수 있게 해 주었다.

춤을 배우고 싶은 열정에 집에서 학교까지 왕복 5시간 걸리는 먼 거리를 다녔었는데, 듣지를 못해서 생기는 소통 부재로 쉬는 날인지도 모르고 갔다가 헛걸음을 한 적도 여러 번 있었다. 그래도 춤을 배울 수 있어서 힘든 줄 몰랐다.

가나 선교 활동 중에

김영민은 크리스천으로서 선교에 관심이 많았다. 자신의 재능인 춤으로 선교 활동을 하고 싶는 꿈이 있던 터에 마침내 기회가 생겼다. 한양대학교 사회교육원 선교무용과에서 '선교무용'을 3년 동안 배우면서 선교 활동의 길을 열었고, 무용을 통해 기독교 정신을 표현하는 방법을 알게 되었다. 무엇보다 많은 크리스천과 알게 되어 선교 활동에 동참할 수 있었다.

우연히 무대 의상을 빌리는 곳을 통해서 국가무형유산 살풀이춤 보유자이신 수당 정명숙 선생님을 알게 되어, 정명숙 선생님 밑에서 10년 정도 춤을 배웠다. 정명숙 선생님은 김영민의 춤을 완성시켜 주신 은인이다. 수어를 전혀 몰라도 선생님은 온몸으로 춤을 가르쳐 주셨다. 영민은 선생님 춤선 하나하나를 놓치지 않으려고 선생님 온몸에 시선을 고정시키며 하나라도 더 배우려고 최선을 다했다. 정 선생님은 그렇게 말없이 춤을 배우는 제자를 귀하게 여기셨다.

최근에는 '한양춤길 전통무용예술원'에서 전이연 선생님께 무용을 배우며 단원으로서 공연 활동을 하고 있다. 춤은 계속해서 배우지 않으면 발전할 수가 없다. 그래서 항상 춤을 가르쳐 주실 선생님을 찾게 되고 그 선생님 밑에서 배운 춤으로 새로운 작품을 무대에 올리면서 활동을 한다.

전이연 선생님과는 무대에 설 수 있는 기회가 많아서 스승이면서도 동료처럼 가깝게 느껴진다.

살아 계실 때 한번이라도

　국가무형유산 살풀이춤 보유자 수당 정명숙 명무가 서거 1주기 추모 공연에 갔었다. 정명숙 선생님께 10년 정도 배웠었는데 20년 만에 찾아뵈러 가는 심정이 무거웠다.

　그리고 살아 계실 때 한번이라도 인사드리는 것이 제자의 도리인데 찾아뵐 용기가 없던 내 자신이 부끄럽고 죄송스러울 뿐이다. 다행히 20년 만에 만났는데도 날 알아보고 얼싸안고 뜨겁게 포옹해 주는 옛 동료들을 보니 눈물샘이 터졌다.

　선생님을 그리워하는 마음으로 추모 공연을 하는 제자들의 모습에 울컥하고 모두 이뻐 보였다. 선생님께서 많이 좋아하실 거라 생각하며 박수를 보냈다. 선생님의 춤 향기가 은은하게 오래갔으면 하는 바람이다. 그 공연을 통해 진심을 전하는 마음이 춤 자세로 다 보인다는 걸 많이 느꼈다.(2025. 5. 2.)

김영민이 춤을 추는 방법

  춤에서 음악은 매우 중요한 부분이다. 듣지 못하는 그녀에게는 음악에 맞춰 춤을 춘다는 것이 쉽지 않았다. 단체 무용의 경우에는 소리 대신 눈치로 박자와 동작을 맞추어야 했다. 건청인 동료들에게 소리에 대한 박자와 동작을 물어보면서 미리미리 몸에 익히는 연습을 했다.

  다른 사람들은 음악 소리를 기억하고 들으면서 몸을 움직이고 리듬을 타겠지만, 그녀는 음악 소리 대신 연습을 통해 속으로 계속 숫자를 세면서 몸을 움직여야 했다. 양쪽 귀에 보청기를 끼고 미세한 소리라도 들으려는 노력도 하고, 진동으로 소리를 느끼려고 애써 봤지만 크게 도움이 되지 않았다. 그래서 음악의 흐름을 숫자로 세면서 동작을 따라하는 방식을 선택했는데 그렇게 하기 위해서는 수없이 반복해서 연습을 해야 했다.

  물론 처음에는 실수도 많고, 집중해서 속으로 숫자를 세고 있다가 순간 숫자를 놓치기도 하는 등 많은 어려움이 있었다. 그러나 끈질긴 노력이 그녀에게 좋은 결과를 만들어 주었다. 조금 더 연습하고 노력하면 좀 더 좋은 모습을 보여 줄 수 있다는 것을 알게 되자 더욱 연습에 매달렸다.

 아직 정식 용어는 아니지만 김영민처럼 소리를 듣지 못하는 사람에게 음악의 흐름을 수어로 알려 주고 박자를 세어 주는 사람을 '수어보이미'라고 하는데 수어로 음악을 보여 주는 도우미라는 뜻이다. 수어보이미가 음악과 박자를 수신호로 알려 주면 그것을 보면서 음악을 듣는 대신 볼 수 있기 때문에 김영민이 안심하고 매끄럽게 리듬을 탈 수 있어서 도움이 된다.
 한번은 박자를 미리 세면서 많은 연습을 했었는데, 당일 공연하는 무대가 예상보다 컸다. 그래서 열 발자국을 가야 하는 것으로 연습을 했는데, 무대에서는 더 크게 움직여야 해서 같은 열 발자국이라도 시간이 달라지는 것이었다. 음악 소리를 듣는다면, 음악에 맞춰서 충분히 조정할 수 있는 영역이지만, 음악을 숫자로 세면서 연습하는 입장에서는 이러한 작은 것 하나하나가 다 미리 준비되어야 하는 일이라서 조금의 변화에도 대처가 잘 안 되는 경우가 많다.
 물론 리허설 때 급하게 조정하면서 공연을 끝냈지만, 연습한 모습을 100% 다 보여 주지 못한 것 같은 아쉬움이 남는 공연이었다. 영민은 연습한 만큼 무대에서 표현을 다 못하면 마음이 무겁다. 소리를 듣지 못하는 한계가 밀려와서 연습을 해도 소용이 없다는 자괴감에 빠지곤 한다. 관객들은 그녀가 실수를 했다는 것을 전혀 알지 못한다. 그저 청각장애인이 어떻게 음악에 맞춰 다른 무용수들과 함께 무용을 잘할 수 있는지 신기해서 그녀에게 뜨거운 박수를 보내는데 김영민은 그 열렬한 환호에 오히려 미안한 마음이 생긴다.

공연을 마치고 분장실로 돌아와서 무대 의상을 갈아입던 동료가 그녀에게 물었다.

"어디 아파요?"

"아뇨, 실수를 해서요."

"무슨 실수를 했다고 그래요. 사실은 나두 실수했어요. 우리 무용수들은 늘 완벽하게 춤을 출 수 없어요. 자책하지 말고 기분 풀어요. 다음에 더 멋지게 추면 되지요."

눈치로 따라가기

전주에서 이틀 동안 〈춘앵무〉를 두 번 공연한 후 버꾸춤을 추러 광양에 다녀왔다. 전국에서 많은 사람들이 모여 광양버꾸놀이를 즐겼다. 우아한 춤사위는 아니지만 멋 아닌 맛으로 가락에 취해서 흥에 절로 어깨춤이 일쑤~ 했디. 즐거입 보였다.

난 춤 순서를 다 외우지 못해 눈치를 보며 따라가기 바빴다. 그리고 혼자라는 느낌에 답답하고 지쳤지만 춤이 좋아 꾹 참았다. 청인들 속에서는 아무리 잘해 줘도 혼자 오래 있기가 어려운 법이다.(2025. 4. 28.)

?

분장실에서

비버데프(deaf)예술단을 창단하다

    2005년 비버데프(deaf)예술단을 창단하고 김영민이 단장직을 맡았다. 예술단 단원들은 모두 농인이다. 초창기에는 수어 노래와 한국무용 위주로 공연을 했다. 농인의 언어인 수어로 공연을 하는 것이라서 따라 부르는 등 반응이 좋았고, 이를 계기로 수어 배우기가 확산되는 긍정적인 효과가 있었다. 연습 장소는 서대문 농아인복지관을 이용할 수 있었고, 운영은 단원들의 회비와 자그마한 공연수익금으로 어렵게 꾸려 가고 있다.

    비버데프예술단은 그녀에게 농인으로서의 존재감을 더욱 드러내는 계기가 되었다. 춤을 좋아하고, 오랫동안 춤을 배우면서 공연을 하였지만 늘 비상애인의 일부 같다는 생각이 들었는데, 농인들과 함께 연습하고, 공연하면서 농인으로서의 자부심이 생겼다. 개인적인 사정으로 그만두는 멤버도 있어서, 새로운 멤버를 발굴하고 육성해 나가면서 어려움도 있었지만 그동안 200여 회 이상 공연을 하면서 농인의 예술 활동이 활성화되었다.

김영민은 장애인의 날이 있는 4월에 공연이 몰려 있고, 나머지 달에는 공연이 없을 때가 많아서 걱정이다. 장애인예술단은 왜 꼭 장애인의 달에만 부르는지 모르겠다고 아쉬워했다.

벌써 비버데프예술단이 창립된 지 20년이 되었으나 단원들이 예술 활동으로 수입이 생기지 않다 보니 생계를 위해 그만두고 단원 1명만 남아 있는 유명무실한 예술단이 되었다. 사단법인이 아니니 지원금을 받지 못하고 장애인예술지원사업 공모에 내보려고 해도 사업계획서를 작성할 줄 몰라서 그 기회도 얻지 못하고 있다. 농인은 정보에도 취약하고 글쓰기도 어렵기에 도와주는 사람이 없으면 사업비를 마련하여 공연을 한다는 것은 꿈도 꾸지 못한다.

장애인무용 공연사업을 주로 하는 (사)빛소리친구들 최영묵 대표가 수어문화제 등에서 공연하는 김영민의 모습을 눈여겨보다가 그녀에게 단원 제안을 하였다. 그래서 10여 년 동안 빛소리친구들 소속으로 큰 무대에 설 기회가 많았다.
2016년부터 (사)빛소리친구들에서 대한민국장애인국제무용제(KIADA)를 개최하게 되어 김영민은 1회부터 6회까지 연속적으로 참여하면서 공연의 수준을 국제적으로 끌어올리게 되었다.

의상을 직접 만들며 얻은 재주

무용복이 너무 비싸서 영민은 선생님이나 동료들에게 빌려서 입었지만 같은 무대에 서는 경우는 유상 대여를 이용해야 했다. 생각다 못해 영민은 옷을 직접 만들기 위해 성남여성문화센터에 등록하여 수의에서 예복까지 3년 동안 의상 제작 기술을 배워서 한복 등 공연에 필요한 옷들을 직접 만들고 있다. 그녀의 페이스북에 보면 한복을 만들고 남은 헝겊으로 보자기를 만들고, 인형에 입힐 한복도 만들었다는 내용이 곳곳에 나온다.

인형한복을 만들며 위로받다
첫 자품으로 파올라레이나 인형의 한복을 만들어 입혀 봤더니 마음이 푸근했다. 어렸을 때 혼자서 종이인형을 만들며 놀았던 시절로 돌아간 기분이 들고, 마음이 위로받는 느낌이었다.
인형옷 만들기는 자투리 한복감을 활용해서 만들 수 있어서 좋고, 스트레스를 풀 수 있어서 좋다. 가능하면 우리 옷을 많이 만

직접 만든 인형한복을 입힌 인형을 들고

들어 입히며 우리 옷의 아름다움을 알리고 싶다.(2021. 1. 17.)

보자기 포장법을 배우다

연세대학교 이윤재관으로 보자기 포장법을 배우러 다니면서 여러 가지 일로 아프고 힘든 상황인 나에게 만드는 재미와 성취감이 위안이 되어 주었다. 드라마 〈연인〉을 보고 반해서 〈연인〉의 주인공들이 입었던 한복의 색감으로 보자기 포장 작품을 만들어 전시하는 중이다. 보기만 해도 설레이고 뿌듯했다.(2023. 12. 11.)

인형을 입양 보내며

정성으로 만들어 자식처럼 아끼던 인형들 중 두 번째로 입양을 보내려니 가슴이 아련하다. 내가 존경하고 나의 멘토이신 분이라서 드리는 게 아깝지 않고 좋다. 덕분에 인형한복 만들기에 집중하니 재미있다. 인형 제작을 통해 순수함을 배우기도 한다. 얼마 전에 하늘로 멀리 가신 사랑하는 엄마를 생각할 틈도, 슬퍼할 틈도 없이 몰두할 수 있어서 감사하다.

조금 더 이쁘게 잘 만들 수 있도록 노력해서 내년엔 꼭 인형 전시회를 할 생긱이다.(2024. 4. 12.)

보자기 포장법 강의하다

보자기 포장 전문가1급 자격증을 딴 후에 첫 강의로 도봉구수어통역센터에서 한 달 동안 4회의 강의 기회를 가졌다. 수어로 가르치다 보니 어려움이 있었지만 보조 선생님의 도움으로 요령이 생겨 강의할 수 있었다.

 나는 손으로 만드는 것을 좋아하는데 가르침의 행복 또한 무더위를 잊을 정도로 즐거웠다. 수강생들이 마음이 힐링되었다고 다음에 또 봤으면 좋겠다고 아쉬워했다. 두 번째로는 10월에 광진에서 강의하기로 했다. 보자기 포장 기술을 잘들 배워서 선물을 주고받을 때 정갈하고 우아한 기쁨이 더해지길 기대해 본다.(2024. 8. 29.)

진정한 선물

 선선한 가을바람이 부는 요즘 전통적인 느낌의 보자기 포장법과 보자기 묶는 법을 가르쳤다. 다들 예쁘다고 좋아하는 모습들에 내 마음이 힐링되고 뿌듯했다. 베풂의 지혜를 배우고 베푸는 삶이 가져다 주는 행복감과 풍요로움을 아는 것이 진정한 선물인 듯싶다.(2024. 10. 15.)

 김영민은 이렇게 꾸준히 배운 기술로 공연 의상을 직접 만들어 입을 수 있어서 의상비를 절감하고 있다. 그 덕분에 취미로 인형한복도 제작하여 전통의상을 입힌 인형들이 점점 늘어나고 있다. 주위에서 인형이 입고 있는 한복 옷들이 너무 멋있다고 인형한복 전시회를 열어 보라고 한다. 전시회 경험이 없어서 어떻게 해야 할지 몰라서 막막하지만 인형한복 전시회를 하고 싶은 마음은 크다.

?

보자기 포장법 강사 활동 중에

김영민은 손재주가 많아서 수도 잘 놓고 자투리 헝겊을 이어서 보자기를 만들어 선물을 예쁘게 묶어서 내놓으면 멋있다고 한다. 선물 내용보다도 보자기 때문에 더 귀하게 느껴진다.

김영민은 자기가 배운 것을 농인에 가르쳐 주기 위해 최선을 다한다. 농인들이 눈썰미가 좋아서 설명을 하지 않더라도 하는 방법을 보여 주면 금방 따라한다고 칭찬한다.

청각장애예술인에게 꼭 필요한 음악도우미

소리와 단절되어 산다는 것은 외로움 속에서 고독과 함께 지내야 한다는 것을 의미한다. 소리를 듣는 건청인들과 함께 있을 때 그 외로움이 더 커진다. 사람들은 서로 무슨 얘기인가를 계속하는데 그녀 혼자 멀뚱멀뚱 바라보아야 하기 때문이다. 그래도 대화에 끼어야 하겠기에 입 모양을 열심히 보고 있자니 너무 피곤해서 집에 가면 중노동을 한 사람처럼 누워 버린다.

수어통역사가 고맙다

어제 영롱회에서 주최한 음악회에 다녀왔다. 오랜만에 새로움을 느끼고 나의 마음을 울리게 했다. 물론 귀가 잘 들리지 않는 농인에게는 멀고 낯선 음악회였지만 수어통역사의 마음에서 우러나오는 진지하고 세심한 통역, 머리부터 발끝까지 진심을 다해 통역하는 모습에 감동을 받았다.

통역 덕분에 어떤 노래인지 알 수 있게 해 주었을 뿐만 아니라 감동까지 느끼게 해 주었다. 그냥 수어통역만 해 주면 된다는 식으로는 감동받기에 부족했었다.

　그 통역사분께 감사드리며 앞으로도 계속 통역해 주시기를 바라는 마음이다. 음악회 덕에 힐링되어서 좋았고, 11월을 마무리하면서 행복이 가득해졌다.(2019. 11. 27.)

한국수어는 재밌다

　후배들이 가르침에 잘 어울린다고 자신이 없다는 나를 밀어 넣어 한국수어교육원에 와서 교원양성 과정을 수강하게 되었다. 책을 펴보니 대학 수준으로 어려운 단어가 많아서 머리가 터질 정도로 아찔했지만 꼭 알아 두면 좋은 지식이며 유익하기에 배우러 다니기를 잘했다고 생각한다.

　예전에 수화를 가르쳤던 일들을 생각하니 이번 배움을 통해서 잘못 가르쳤었음을 느꼈다. 멋모르고 가르쳤던 내 자신이 부끄럽기도 하고 미안해지기도 했다. 그런데 한국수어를 배울 때마다 재미가 있다. 잘 가르쳐 주시는 강사님들이 농인들의 대변인이 되어 주는 듯하여 그 공로에 감사드리며 수어를 제대로 가르치려면 교원양성 과정을 꼭 배워야 한다는 것을 다시 한 번 느꼈다. 배우면 큰 도움이 될 것이다. 수어는 농인에게 귀한 것이니 꼭 배우라고 권하고 싶다.(2020. 6. 1.)

농인도서관에 청음농아극단 자료 기증

1호 농인도서관이 개관한 지 2년이 되었는데 이제서야 처음 찾아가 봤다. 농인 관련 책들을 수집하느라 애쓰시는 안 장로님의 노고가 참 크시다는 걸 느꼈다.

도서관을 통해 농인 역사의 소중한 발자취를 알게 되어 존경하게 되었고, 내 자신이 부끄럽기만 했다. 1980년대 청음농아극단 관련 스크랩 자료집을 기증하고 돌아오는 길에 벚꽃이 만발해서 눈이 호강하며 힐링했다. 나 또한 안 장로님께서 늘 말씀하셨듯이 한마음 한뜻으로 묵묵히 계속 춤을 출 것이다.

어르신들 덕분에 농사회가 이만큼 발전했고 편하게 사는 요즈음 더 열심히 하고자 마음을 갖게 되었으며 마음이 든든하고 평온해지는 요즘이다.(2022. 4. 9.)

수어 노래 공연은 후배에게

수어 노래 공연을 접으니 요즘엔 공연해 달라는 연락이 오면 옛날만큼 그리 반갑지가 않다. 오히려 부담스럽고 조바심이 생긴다. 농인으로서 공연 준비를 혼자서 하기가 쉽지 않다. 음악 도우미(공연에 맞는 음악을 찾아 주는 수어통역사)를 찾아야 하고 이것저것 눈치 보며 부탁해야 하는 입장으로서 마음이 불편하다.

물론 해 주겠다는 통역사가 있지만 관할 지역이 다르면 못 도와주게 되어 있어서 도움을 받지 못하고 포기해 버리곤 한다. 청각장애예술인에게 음악 도우미가 꼭 필요하므로 적극적으로 밀어주고 도와줘야 하는데 그러한 도움을 받지 못할 때는 속상하고 화가 나기도 했다.

　나도 이제 나이도 있고 해서 마음 편해지고자 공연을 접으니 시원섭섭하다. 빛소리친구들 소속으로 계속 춤추는 일에만 몰두하고자 한다. 옆에서 알아서 도와주는 직원들이 있어서 신경 쓸 것이 없고 편하게 춤만 출 수 있기 때문이다.

　그리고 나보다 수어 노래를 잘하는 멋진 후배들이 많아지고 있어서 이젠 양보할 때가 아닌가 싶다. 그동안 할 만큼 했으니 후회가 없고 후련해진다.(2022. 5. 27.)

수어에 자부심을 느끼는 날

　한국수어의 날은 수어에 대하여 자부심을 느끼게 해 주는 날이었다. 한국수어의 날을 코앞에 두고 중앙회에서 공연할 사람을 못 구했는지 출연해 달라는 간곡한 부탁에 음악 도우미도 없고 연습할 시간도 없어서 못한다고 했더니 그냥 음악 없이 공연해도 된다고 해서 어렵게 출연하였다.

　음악 없이 공연하는 건 나로서는 자존심이 상하고 부담이 컸지만, 한편으론 농인으로서 음악에 꼭 매달려야 하나 하는 고민 끝에 음악 대신 북으로 쳐서 공연하는 게 어떨까 싶어 농인들은 음악을 듣지 못하지만 청인들의 반응은 어떨까 궁금해하며 도전해 봤다.

　관객들이 알아서 박수치며 자연히 수어 노래만 보게 되었다고

공연 후 관객들과 함께

했다. 사실 무슨 소린지는 몰라도 음악이 있어야 울림을 통해 감정 표현이 더 좋아지는데 사람들은 농인은 음악이 없어도 된다는 생각을 갖고 있다. 음악 없이 공연하는 경험도 나에게는 나쁘지 않았다.

한국수어의 날은 농인들에게 있어 수어가 고맙고 자부심을 가지는 날이다. 수어는 손으로 춤추듯이 아름다운 우리의 언어이다.(2023. 2. 3.)

가슴이 찡하고 먹먹했다

해마다 어김없이 개최하는 사랑의 작은 음악회에서 몇 년 만에 한국무용으로 출연했다. 무대에 서 보니 맨앞에 농맹인 몇 분이 보였다. 그런데 알아듣는 것처럼 미소 짓는 모습에 가슴이 찡하고 먹먹했다.

그래서 절로 감정이 올라와서 길게 추다 보니 음악이 빨리 끝나 버렸지만 관객들이 좋은 반응을 보내 주니 미안했다. 항상 그랬듯이 공연이 끝나면 아쉬움이 남고 만족감 또한 아쉽다.(2024. 12. 19.)

농인으로 산다는 것은 힘든 일이지만 그래도 옛날보다는 많이 좋아졌다. 수어가 언어로 인정을 받아 방송에서 수어통역 시간이 점점 늘어나고 있고 영화나 드라마에서 한글자막 서비스를 해 준다.

무엇보다 수어통역센터가 곳곳에 세워져서 급한 상황에서 수어통역 서비스를 받을 수 있다. 예전에는 가방에 메모지와 펜을 반드시 넣어 갖고 다녔지만 지금은 핸드폰만 있으면 쉽게 대화를 이어 갈 수 있다.
　하지만 여전히 수어통역이 제공되지 않아서 먹통 상태로 몇 시간을 보내다가 답답하여 가슴을 치며 돌아올 때가 있다.
　더 답답한 것은 농인은 음악이 필요 없을 것이라고 단정하고 공연을 해 달라고 요청해 놓고 음악을 준비하지 않는 주최 측의 무개념에 화가 나지만 그래도 꾹 참고 무대에 올랐을 때 예인으로서 최선을 다하면 관객들이 알아주어 속상한 마음이 사르르 풀린다.(2024. 12. 19.)

주위 사람 살피기

 김영민의 가장 큰 장점은 주위 사람들을 세심히 잘 살핀다는 것이다. 스승님이 돌아가시면 그 고마움을 깊이 새기면서 애도하고, 친구 부모님이 돌아가시면 자기 부모처럼 마지막 길을 배웅한다.
 농인 가족들과 야외로 나들이를 가는 날이면 영민 혼자 새벽부터 도시락을 싸서 큰 바구니에 담아 온다. 크고 작은 행사 때마다 앞장서서 힘든 일을 도맡아한다. 춤 솜씨만 좋은 것이 아니라 음식 솜씨도 좋고 상차림 솜씨도 수준급이라서 영민의 손길이 닿기만 해도 근사한 파티장이 된다. 그래서 영민은 주위 사람들을 행복하게 만드는 청량제 같은 사람이다.

나의 선생님 아버지
 오늘은 가장 슬픈 날이다. 아빠같이 다정하신 이선호 선생님께서 주무시다가 소천하셨다는 문자를 보고 달려가서 선생님 영정

무대 위에서 빛나는 춤꾼 김영민

사진 앞에서 한없이 눈물을 흘렸다. 살아생전의 모습을 그려 보니 가슴이 미어진다. 선생님과 만난 것을 주님께 감사드리고 주님의 품안에서 평안하시고 저를 지켜봐 달라고 기도를 드렸다.

내가 가면 꼭 밥을 사 주셨던 선생님, 마지막 식사 때 나는 눈물을 머금으면서 열심히 다 먹었다.

'내일 마지막 가시는 길에 함께 배웅해 드릴게요. 너무 고마우신 선생님 많이 보고 싶습니다. 나의 선생님 아버지.'라고 인사드렸다.(2022. 5. 3.)

참으로 고맙습니다

인생은 만남이 있으면 헤어짐이 있고 헤어짐이 있으면 만남이 있다지만 내 인생의 첫 스승님인 이선호 선생님을 떠나보내고 돌아오는 길에 예전 기억들이 주마등처럼 스쳐 갔다. 아빠 같은 이선호 선생님의 마지막 가시는 길에 동행하면서 그간 받았던 감사와 사랑을 회상하니 그 사랑이 가슴에 와닿으며 평온해졌다.

'참으로 고맙습니다. 참으로 감사했습니다. 그리고 사랑합니다. 나의 영원한 멋진 선생님, 이제 주님 품안에서 평안하세요.'(2022. 5. 4.)

이벤트 여왕

24일 성탄 식사 초대와 26일 친구들의 송년 파티를 하느라 쓰러질 정도로 바빴다. 아픈 친구를 위해 처음으로 어렵게 모인 귀한 시간을 어떻게 하면 잘 보낼 수 있을까 고민했는데 끝나고 보니 아름답고 감동이 넘쳤다면서 나에게 이벤트 여왕이라고 엄지척을 해 주었다. 너무 행복했다고 우는 친구들의 모습에 피곤함이 완전히 날아갔다.

결국 몸살은 났지만 할 일을 다했다는 홀가분함과 마음의 평화가 찾아왔다. 먼 훗날에 잊지 못할 추억으로 이때가 제일 좋았다고, 행복했다고 말할 수 있었으면 좋겠다.

파티룸 대여와 맛난 음식과 꽃다발까지 적극적으로 큰 도움을 준 친구와 그 딸에게 뜨거운 박수와 사랑을 가득 보낸다.(2022. 12. 28.)

도시락 바구니

이른 아침부터 도시락 요리하느라고 바빠서 아침도 못 먹고 바구니 가득 도시락을 담아 들고 약속 장소인 천안독립기념관으로 갔다. 날씨는 걱정한 것과 달리 가랑비가 내려서 산과 주변에 운무가 가득 찬 풍경을 만들었고 공기가 상쾌했다.

도시락을 펴자 '와~ 건강식이다. 너무 정성스럽다!'는 감탄 소리에 어깨가 절로 으쓱해졌다. 기념관을 둘러보면서 대한민국의 발자취를 한눈에 알 수 있어서 흥미롭고 유익했다. 자부심을 가득 안고 오게 되었다.

서로가 호호 히히 하하 깔깔. 웃음소리가 하늘까지 닿는 것 같았다. 무엇보다 같은 농인들끼리 눈치 안 보고 맘껏 소통할 수

?

동창회에서

있는 시간이라서 편안했다. 비슷한 아픔과 상황을 안고 있는 사람들이라 그런지 공감할 수 있는 것이 많았다.

살다 보니 만나야 할 사람은 만나게 되고 인연이 없는 사람은 스쳐 지나간다는 것을 알게 되었다. 하여 남겨진 사람이 소중하다.(2023. 5. 29.)

삶과 죽음 사이에

올해에만 동창 친구들의 부모님 장례식에 다섯 번이나 다녀왔다. 부모님들이 모두들 가실 때가 되다 보니 삶과 죽음 사이에 가슴이 먹먹하면서 삶의 소중함을 느꼈다. 죽음은 삶의 끝이라고 하지만 한편으로는 삶의 시작이라는 생각이 든다. 죽음을 목도하면서 열심히 살아야겠다는 생각에 새로운 삶을 살게 해 준다.

어제 죽마고우의 모친이 소천하셨다는 소식을 듣고 무용 수업에 집중이 안 되어서 차라리 빨리 조문하는 게 낫겠다 싶어 선생님께 허락을 받고 달려갔다. 장례식장에서 35년 만에 친구 언니를 본 순간 서로 부둥켜안고 울었다. 발인식에도 하얀 국화꽃 다발을 챙겨 가지고 갔다.

유족들만 타는 장례 리무진에 나는 가족이나 다름없으니 같이 타자고 하여 조문객들이 타는 버스로 도망치자 나를 붙잡아 태웠다. 얼굴을 보고 얘기를 나누다 보니 새록새록 떠오르는 추억이 있었다. 깊은 인연이 얼마나 소중한 것인지 알게 되었다.

끝까지 함께해 줘서 고맙다고 언니가 자기 명품백을 나한테 주면서 나중에 더 좋은 선물을 주겠다고 약속하며 헤어졌다. 정이 많은 그 모습이 참 고맙고 아름다웠다. 아낌없이 베푸시는 수호천사 언니! 잊지 않고 기억할게요.(2023. 8. 16.)

베푸는 삶

광진수어통역센터에서 농·청인 어울림 행사로 아침부터 저녁까지 진행하고 다과 준비까지 하느라고 바쁘고 힘들었다. 그래도 피곤함을 잊을 수 있었던 것은 '맛있다! 감사하다.'는 인사말이 이어졌기 때문이다.

베푸는 삶은 주변을 행복하게 할 뿐 아니라 나 자신에게도 건강한 웃음을 준다.(2024. 11. 23.)

김영민은 베푸는 삶이 몸에 배었다. 주변이 행복해야 자신도 행복해질 수 있다는 것이 그녀가 추구하는 삶의 철학이다. 그래서 사람들은 김영민을 보면 마음에서 우러나는 엄지척을 한다.

"선생님이 최고예요."

공연 활동의 어려움

　수어보이미를 구하는 것이 가장 어렵다. 소리를 듣지 못하는 농인에게는 소리를 듣고 알려 주는 수어통역사 겸 소리보이미가 아주 절실히 필요하다.
　그런데 수어통역사는 음악에 약하고, 소리보이미는 수어통역을 잘 못하는 경우가 많다. 두 가지를 다 잘하는 사람은 우리나라에 아직 없는 듯하다.
　공연 요청을 받으면 기쁨보다는 도움을 줄 소리보이미를 구하는 걱정부터 하는 것이 사실이다.
　소리보이미는 공연 당일에 함께해 주는 것이 중요하지만, 욕심 같아서는 연습할 때부터 함께 호흡을 맞추면서 준비를 해 주는 전문 소리보이미 제도가 있었으면 하는 바람이다.
　공연을 잘 하려면 의사 소통이 무엇보다 중요하기에 공연장에 수어통역사가 필요한데 현재는 수어통역사도 소리보이미도 없는 상태에서 공연을 하기 때문에 불안정한 상태이다.

지금까지는 그때그때 여러 사람들의 도움을 받아서 어렵게 공연을 준비하고 공연을 하였지만, 후배들을 위해서는 수어통역사와 소리보이미가 있는 환경에서 마음껏 춤을 배우고 공연을 할 수 있기를 바란다.

공연 뒤풀이는 피곤해

국악대향연 공연이 있는 날 아침부터 밤 9시까지 공연장에서 지내다 보니 단원 선생님들이 신경 써 주고 따뜻하게 잘해 주셨으나 몸이 힘든 것보다 정신적으로 고단했다. 비장애인들 속에 나 혼자 끼어서 하루종일 있다 보니 소통이 단절되어 숨이 막혔다.

아무리 잘해 주셔도 소통이 안 되면 불편하다. 공연이 다 끝나고 집에 가는 줄 알았는데 가는 길이 이상해서 물어보니 뒤풀이 겸 해서 저녁 먹으러 간다는 말씀에 힘들어서 집에 가고 싶다고 손사래쳤다.

단원들과 끝까지 함께하는 것이 도리이고 예의겠지만 나는 정말 힘들었다. 나의 상황을 이해해 주길 바라면서 집으로 갔다. 농인들은 소통 수단이 없는 비장애인 속에 오래 있지 못한다. 단절되어 있다는 건 참으로 슬프고 힘든 일이다.

명절에도 소통이 안 되는 가족들과 함께 오래 있고 싶지 않다. 춤추는 것을 즐기는 나로서는 공연할 때마다 어디를 가든 늘 혼자인데 안 그런 척, 알아듣는 척하며 바보처럼 웃기만 하는 내 자신이 힘들고 초라해진다.

무대 위에서 빛나는 춤꾼 김영민

수어할 줄 아는 사람이나 농인이 한 명이라도 있었으면 정신적으로 피곤하지 않았을 것이다. 이 글을 보고 '아~ 이것 또한 농문화구나!' 하고 무리 속에 혼자 있는 농인을 보면 소통단절, 외로움 등의 상황을 이해하고 배려해 주면 고맙겠다.(2023. 10. 4.)

소통 부재로 아쉬움이 남다

빛소리친구들 정기 공연에 〈어화둥둥 꽃길을 걷자〉라는 작품을 기획하고 출연해서 잘 마쳤다. 안무를 직접 짜다 보니 소통 문제로 어긋나는 일이 생겨서 완전하지 못해 아쉬움이 많았다.

처음부터 끝까지 통역 겸 동반자가 있었어야 한다는 것을 느꼈다. 앞으로 통역 동반자가 없으면 다시는 안무를 못할 것 같다. 어쨌든 나에게 새로운 경험과 귀한 도전의 기회가 되었고 좋은 무용 공부를 했다.

많이 초대하지 않았는데도 다들 찾아와 주고 힘을 주는 지인들에게 감사드리고 축복이 함께하길 기도한다.(2023. 10. 17.)

애틋한 마음

성동구에서 어르신들께 존경과 감사를 표하는 의미로 단아하고 우아한 〈춘앵무〉를 보여 드렸다. 끝나자마자 사회자가 나에 대해 소개하는 것 같았는데 무슨 말씀을 하셨을까?

관객들의 반응이 다양하게 나타났다. 나의 춤으로 인하여 기분 좋고 힘내셨으면 하는 애틋한 마음이 들었다.(2024. 11. 16.)

잊지 못할 공연들

  2017년에 공연한 〈바랜 시간〉은 매일 양 갈래 머리를 땋아 주시고 사랑으로 어린 영민을 키워 주신 할머니를 생각하며 만든 작품이다. 영민의 기억 속에는 할머니와 함께했던 시간이 많아서 할머니와의 에피소드로 작품을 안무하였다. 〈바랜 시간〉은 할머니에게 바치는 작품이라서 두고두고 기억이 난다.

  2020년에 공연한 〈울림〉이라는 작품은 배우기가 너무 어려워서 발에 피가 날 정도로 연습하며 많은 노력을 기울였는데 코로나19로 관중들 앞에서 공연은 못하고 영상으로만 보여 주어 너무 아쉬웠던 작품이다. 공연은 현장에서 관람을 해야 제대로 볼 수가 있다. 카메라의 시선으로 공연을 촬영하면 놓치는 부분이 많다.
  특히 이 작품은 영민이 많은 노력을 기울였는데 막상 관객을 부르지 못하게 되어 실망이 컸다. 코로나19는 예술인들에게서 무대를 빼앗은 가장 아픈 기억이다.

수어 시낭송

내일 6월 3일 농아인의 날을 축하하는 의미로 오늘 도봉구 무대에서 〈살다 보니 알겠더라〉라는 시(詩)를 수어로 발표하는 새로운 도전을 하였다. 수어 시낭송은 처음이라서 어떻게 표현해야 좋을지 많이 고민했었다.

음악에 매달리지 않고 자연스러운 감정 처리를 보여 줘서 신선하고 흥미롭다고 하는 등 반응이 좋았다. 가사에 공감되어 눈시울이 뜨거워질 정도로 감동했다면서 나에게 배우를 해도 잘 하겠다는 사람도 있었다.

시의 내용처럼 인생의 연륜이 묻어나는 나이답게 시에 어울리는 표현을 자연스럽게 하고 싶었다. 아무도 해 보지 않은 분야이기에 첫 도전으로 잘하는 모습을 보여 주면 후배들에게 길잡이가 되고 도움이 될 거라 믿는다.

무대에서 늘 혼자 공연을 해 왔었는데 앞으로 나래 씨가 와서 함께 공연해 주기로 했으니 든든하고 행복하다. 새로운 도전을 한 오늘은 감사가 넘치는 하루였다.(2023. 6. 2.)

야외 공연이 더 어렵다

청계광장에서 제18회 수어문화제가 열렸다. 코로나19 이후 오랜만에 열리는 사람 냄새 나는 행사라서 정겹고 반가움이 가득했다. 이번에도 〈살다 보니 알겠더라〉라는 시를 수어 낭송으로 발표했다.

살다 보니 알겠더라

조관희

떠오르는 수많은 생각들 속에
한잔의 커피에 목을 축인다

살다 보니 긴 터널도 지나야 하고
안개 낀 산길도 홀로 걸어야 하고
바다의 성난 파도도 만나지더라

살다 보니 알겠더라
꼭 만나야 할 사람은 만나고
스치고 지나야 하는 것들은
꼭 지나야 한다는 것도

떠나야 할 사람은 떠나고
남아야 할 사람은 남겨지더라

두 손 가득 쥐고 있어도
어느샌가 빈손이 되어 있고
빈손으로 있으려 해도
그 무엇인지를 꼭 쥐고 있음을

소낙비가 내려 잠시 처마 밑에
피하다 보면 멈출 줄 알았는데

그 소나기가 폭풍우가 되어
온 세상을 헤집고 지나고서야
멈추는 것임을

다 지나가지만
그 순간 숨을 쉴 수조차 없었다
지나간다 모두 다

떠나는 계절
저무는 노을
힘겨운 삶마저도
흐르는 것만이 삶이 아니다
저 강물도, 저 바람도
저 구름도, 저 노을도

당신도, 나도
기다림의 때가 되면
이 또한 지나가기에

야외무대라서 긴장하고 마음의 부담이 컸다. 농인 예술인에게

무대 위에서 빛나는 춤꾼 김영민

는 실내무대보다 야외무대가 더 어려운 법이다.

 그 이유는 음악이 나와도 잡음 같은 소리만 들어오기 때문이다. 그러한 악조건 속에서 농인 예술인이 센스 있게 눈치껏 잘 넘기며 무사히 공연하는 건 기적이 아닌가 싶다.

 시(詩) 수어 덕에 마음이 풍요해짐을 느낀다. 맞다! 살다 보면 힘들고 아니다 싶은 일들 또한 지나갈 테니까 주어진 일에 충실하며 아끼고 감사하며 살아가야겠다.(2023. 9. 24.)

슈트의 진동으로 듣다

 제9회 대한민국장애인국제무용제에서 배리어프리데이 & 관객과의 대화를 가졌다. 시청각장애인을 위해 제작한 슈트 착용 체험 및 공연을 관람했다. 진동이 강해서 공연에 집중하느라고 애먹었는데 관람한 작품들 중에 일본 비보잉팀의 공연에 절로 박수를 치면서 즐거워했다.

 한편으로는 슈트의 진동을 통해 강함과 약함, 빠름과 느림을 알 수 있었고, 보청기와 슈트를 같이 착용했더니 몇 배 더 감정을 느끼며 저절로 몸으로 리듬감을 느낄 수 있어서 좋았으나 진동이 너무 세서 견디기 힘들었다. 강도를 반으로 줄였으면 더없이 좋았을 것이다.

 장애인뿐만 아니라 비장애인에게도 더 좋은 체험이 될 듯하다. 입체적으로 영화를 보는 3D안경처럼 실감이 날 수 있을 것이다. 다행히 옆에 있던 무용평론가님께서 내 마음을 잘 아는 것처럼 대

변해 주시어 놀라웠다. 바로 내가 하고 싶은 말을 해 주셨다.

  감사 인사를 드리고 오늘도 응원과 격려차 또 가고 싶었지만 티켓을 못 받아서 대신 마음으로 축하를 했다. 장애인들이 춤을 출 수 있도록 다방면으로 노력과 도움을 주신 여러분들께 감사드리며 우리 모두 함께라는 것을 잊지 않길 바란다.(2023. 8. 18.)

  2024년에 직접 안무 작업을 하여 만든 〈어화둥둥 꽃길을 걷자〉라는 작품은 건청인 사회에서 살아가면서 듣지 못하는 답답함과 농인들의 내면의 갈등을 가면을 활용하여 표현하였다.

  처음 안무에 도전한 작품인데 소통 부재로 영상과 음악이 생략되는 등 부실해서 아쉬움이 많았다. 주위에서 조금만 관심을 기울였어도 완벽한 작품으로 만들 수 있었을 것이다.

  주최 측에서 배포한 보도자료에는 '한국무용 〈어화둥둥 꽃길을 걷자〉에서는 청각장애무용수들의 감정을 시각적으로 표현하며 깊은 여운을 남겼다. 청각장애 안무가 김영민은 소리가 들리지 않아도 춤으로 마음을 나눌 수 있음을 보여 주고 싶었다.'고 하였지만 김영민은 내용이 제대로 전달되지 않은 것이 두고두고 아쉬웠다.

늘 배우는 자세로 무대를 준비하다

듣지 못하는 관계로 진동을 느낄 수 있는 타악기 위주로 배워서 공연에 활용하고 있다. 현재는 난이도가 높은 '승무북'을 배우고 있는데, 내년쯤 '송화영 선생님 20주년 기념' 공연을 목표로 열심히 준비하고 있다.

승무춤과 승무북은 배우기 쉽지 않고 아무나 가르쳐 주지 않는 걸로 알고 있는데 한양춤길 전이연 선생님께서 세심하게 잘 가르쳐 주셔서 즐겁게 열심히 배우고 있다.

광양버꾸춤을 배우다
광양버꾸춤을 배웠다. 북끈으로 손을 꽉 묶고 치다 보니 피가 안 돌아서인지 손이 차가워지고 손목이 아팠지만 신명나는 북가락과 몸에 배어 있는 흥에 어깨춤이 추어졌다. 나 역시 한국 사람답게 꾸밈없이 자연스러운 춤맛을 아는 민속무용수인가 싶다.

잘 듣지 못해서 두 눈으로 박자를 맞추려고 노력했으나 아

무대 위에서 빛나는 춤꾼 김영민

직 미흡하다. 그러나 버꾸춤의 맛을 알아 가는 배움에 푹 빠졌다.(2025. 2. 22.)

97세 스승을 만나다

어느새 따뜻한 봄이 왔음을 알리는 듯 꽃망울이 터져 벚꽃 필 때쯤 2박 3일로 광양버꾸춤강습회에 다녀왔다. 양항진 선생님의 아버님께서 버꾸춤 장단법을 가르쳐 주셨는데 미소를 잃지 않으셔서 좋았다. 놀랍게도 그 아버님의 버꾸(북)가 120년이 넘어간다고 했다.

들어 보니 무거운데 97세의 연세에 그 북을 어떻게 드시는지 놀랐고, 97세 같지 않는 건장하심에 더 놀랐다. 평생 버꾸춤을 추어 오신 덕에 얼굴이 밝으시고 마음까지 건강해 보이셨다. 아들 그리고 손자 4대까지 대를 이어 물려주셨다니 대단하시고 존경스럽다.

버꾸춤은 신명나고 흥이 나서인지 절로 웃음꽃이 피어나게 하는데 아마도 그것이 선생님의 건강 비결이지 싶다. 내 눈이 북소리를 열심히 읽느라 눈이 뒤집힐 듯 바빴지만 따라가려면 아직 멀었다. 천천히 착실히 배워야겠다.(2025. 4. 7.)

김영민은 지금도 춤을 배울 기회가 있으면 얼른 쫓아간다. 춤은 평생 배워도 부족하다. 새로운 춤을 배울 때마다 춤이 춤을 춘다. 자신은 늘 부족하다고 생각하기에 스승을 만나면 환희심으로 몸이 들썩인다.

관객으로 춤을 배우다

　김영민은 공연 초대를 받으면 열 일을 제쳐 두고 달려간다. 초대해 준 것도 고맙지만 관객으로 객석에 앉아서 관람을 하다 보면 배울 점이 많기 때문이다. 장애인무용수들의 공연을 보면 가슴이 뭉클하여 눈물을 흘릴 때도 있다.

　청각장애무용수들이 비장애무용수들과 호흡을 척척 맞추면 너무나 예뻐서 손바닥에서 불이 나도록 박수를 친다. 무대 위에서보다 무대 아래에서 배우는 것이 많고 편하게 즐기면서 힐링을 할 수 있어서 좋다.

하모니 공연의 감동

　빛소리친구들의 '하모니' 공연을 볼 때마다 말할 수 없을 만큼 감동이 넘쳐서 가슴이 찡했다. 누구보다 내가 잘 알고 있기에 정말 잘했다고 큰소리로 응원하고 싶었다.

　'하모니'는 현대무용이라서 나와는 거리가 멀지만 운동 삼아 함

께 수업해 왔다. 하모니에 와서 사랑한다는 인사를 절대 빠뜨리지 않는 순수한 발달장애무용수들을 만났다. 수업할 때마다 자주 가슴속에 눈물이 흘렀다. 자기 혼자 잘난 것 보여 주기보다 함께 잘하기 위해 서로 돕는 자세가 너무 아름다웠기 때문이다.

  잘하려는 욕심보다 동료 장애무용수와 함께 잘 추도록 노력하는 건 진정한 무용수가 되는 기본이라고 생각한다. 특히 이선영 선생님의 가르침이 훌륭하다. 눈높이에 맞춰 주려고 애쓰면서 인내심으로 가르치는 모습이 너무 아름답다. 사람에 대한 사랑이 없이는 할 수 없는 일이다. 내가 그 선생님을 존경할 수 있어서 행복하다.(2020. 9. 26.)

춤-언어의 확장

  '춤-언어의 확장' 청각장애인을 위한 전문예술인양성교육 프로젝트로 만든 현대무용 공연에 다녀왔다. 페이스북을 보고 알게 되어 후배들을 응원할 겸 가르침의 감동을 주시는 이선영 선생님께 존경의 마음으로 먼저 찾아가서 인사했다.

  공연장으로 내려가 보니 무대장식도 없고 텅 비어 있었지만 춤추기 시작하자마자 빨려가는 기분이 들었다. 춤으로 소통할 수 있는 공간이라서 잔잔하면서도 마음이 짠하기도 했다. 이 선생님께서 청각장애인들을 위해 현대무용을 할 수 있게 만들어 주심에 진심으로 감사드리며 박수를 보낸다.(2022. 10. 16.)

장애인무용수들 참 예쁘다

제8회 대한민국장애인국제무용제 개막식은 장애무용수들이 국제적인 무대에 설 수 있는 세상에서 가장 자랑스럽고 고마운 큰 행사이다. 오늘 나는 무용수가 아닌 관객으로서 응원하면서 보고 느끼며 다양한 재미를 누렸다. 순수한 마음으로 서툴러도 자유롭고 당당하게 춤을 추는 게 제일 아름답다고 느꼈다. 장애인무용수는 참 이쁜 사람들이다.

나는 작년에 이어 올해에도 복잡한 일로 인하여 무대에 서는 것을 쉬기로 했다. 지인들이 귀한 자리를 빼앗기지 않도록 힘들어도 계속 참여하라는 충고를 많이 해 주셨는데 그 뜻을 충분히 알면서도 내 고집만 부린 것 같아서 죄송하기도 했다.

내가 무대에 대한 욕심을 부리는 것이 맞는지 모르겠지만 현재 주어진 일들과 자연스럽게 흘러가는 상황에 마음만은 편하게 살고 싶어졌다. 앞으로 많은 관객들이 오셔서 장애무용수들에게 힘과 용기를 주고 함께 즐기길 바란다.(2023. 8. 16.)

농인무용수를 격려하러 가다

시청광장 거리공연축제 '29동'의 공연을 보러 가는 날, 흰구름이 뭉게뭉게 피어난 가을 하늘이 유난히 예뻤다. 추석 연휴 동안 엄마 간병하면서 음식 준비하느라 지친 마음과 피곤한 몸을 좀 쉬게 하려고 공연을 보러 갔다.

현대무용 공연을 한다는 소식을 듣고 농인무용수들을 격려할

겸해서 좋아하는 이선영 선생님의 공연이라서 피곤을 잊고 응원하러 가 봤다.

　장애무용수들에게 낮은 자세로 진심을 다해 잘 가르치고 인도하는 선생님의 모습을 많이 봐 왔던 터라 늘 감사하고 존경하게 된다. 선생님의 남편께서도 농인들과의 원활한 소통을 위해 수어를 배우러 다닌다는 말씀에 놀랍고 그 자세가 참 멋지다고 생각했다.

　출연진 소개와 설명 없이 바로 공연을 시작했지만 끝나자마자 관객들의 반짝이는 박수 소리를 보았다. 알려 주지 않았는데도 그렇게 두 손을 반짝반짝 흔들어 주는 관객들의 응원에 놀랍고 눈물겹도록 감동이 넘쳤다. 화려하지 않았고 크지도 않았지만 눈물과 땀으로 적신 열정적인 춤을 보여 줘서 열심히 응원했다.(2023. 10. 1.)

몸으로 소통하는 춤

　아침부터 늦은 오후까지 공연 연습하느라고 몸과 마음이 지친 가운데 '29동'의 공연에 다녀왔다. 호주팀과 한국팀의 협연으로 〈카운터포이즈〉라는 작품이 공연되었는데 다양성과 포용성으로 하나가 되는 모습들이 아련한 아름다움을 주었다.

　말이 통하지 않아도 몸으로 소통하는 춤이 참 예뻐 보였다. 아티스트의 토크가 좀 길었지만 마지막에 호주 다운증후군 여자 무용수가 함께해서 너무 행복했다고 큰소리로 엉엉 우는 모습에 내가슴에 울림이 오고 따뜻한 감동도 밀려왔다.

그래, 우리도 행복하게 살 권리가 있지….(2023. 10. 4.)

60대 중반의 춤꾼들

해마다 광진구에서 하는 대잔치의 국악 공연에 다녀왔다. 그곳에서 두 번 정도 무대에 서 봤었다. 갈수록 무대가 다양해지고 같이하셨던 언니 선생님들이 10년이 넘도록 꾸준히 춤을 추시는 모습을 보니 대단하신 분들이라는 생각이 들었다.

60대 중반인데도 삼고무까지 치고 춤사위도 좋아지셨다. 그러니 관객들도 많아지고 흥과 행복에 취해 열심히 박수치며 호응했다. 마지막에 등장한 열두 발 상모춤 문진수 춤꾼이 추는 것을 보고 내 정신이 빨려들어 가서 마음이 들썩들썩 울렁거렸다. 같이 관람한 후배가 소름끼쳤다며 춤이란 것이 무엇인지 알게 되었다고 감탄을 쏟아 냈다. 나도 일어서서 박수 보낼 정도로 그분들이 진정한 춤꾼이라는 걸 깨달았다. 관객으로서 보고 배우게 되어서 기뻤다. 수어통역사가 없어서 좀 아쉽고 따분했지만 보는 즐거움이 커서 만족했다.(2023. 10. 20.)

손짓 발짓 몸짓

내 작품 준비와 공연 때 어려움을 겪었는데 달려와서 라이브로 장구쳐 주셨던 정민근 선생님의 공연에 초대받아 응원할 겸 다녀왔다. 무대가 좁지만 가까이서 보는 것은 처음인데 내가 귀가 멀

쩡한 사람이 된 듯 울림이 좋아서 신났다. 그리고 장단에 어우러지는 손짓 발짓 몸짓을 잘 보고 배우고 왔다.(2024. 11. 27.)

전이연 선생님 공연

갑작스런 찬바람이 쌩쌩 불어오는 초겨울에 계엄령 선포라는 큰 폭풍이 일어 심장이 철렁했던 시간이 다행히 길지 않게 바로 잡혀서 감사했지만 나라 걱정에 마음이 무겁다.

일상으로 돌아와 살풀이춤과 풍월도 그리고 승무를 연습해 봤다. 큰북을 치는 동안에 잔잔하고 고동치고 몸부림치는 울림에 역시 한 많고 시리고 흥 많은 우리 민족임을 느끼고 어서 봄날이 오길 빌었다.

다음 목요일에 아낌없이 가르쳐 주셨던 전이연 선생님이 공연을 하신다. 난 관객으로서 선생님의 공연을 관람하러 간다. 나라 걱정을 잠시 내려놓고 평화로운 위안이 되었으면 좋겠다.(2024. 12. 4.)

박수치며 즐겁게

전이연의 전통춤판은 나라 걱정과 속상함을 잊을 만큼 공연 내내 손이 아프도록 박수치며 즐겁게 봤다. 처음 보는 작품을 보게 되어서 좋았고 배울 점이 많았다.

무엇보다 전 선생님은 무대에서 연륜이 있어 보이고 매너가 참 좋았다. 나도 욕심에 연연하지 않고 마음을 비우고 자유롭게 진정한 춤의 맛을 아는 춤꾼으로 살아가련다.(2024. 12. 13.)

?

해외 공연으로 성장하다

해외 공연은 준비하면서 힘든 일도 많지만 우리 한국춤에 열렬히 반응하는 관객들을 보면 절로 힘이 난다. 자신이 한국 사람이라는 것이 즐겁고, 자신이 한국무용을 추는 무용수라는 것이 자랑스럽다.

더 열심히 해야겠다는 결심으로 한층 성장할 수 있어서 해외 공연은 힘든 만큼 보람이 크다.

미국 시카고 공연

미국 시카고에 발자취를 남기고 그리운 한국으로 돌아간다. 시카고에서 많은 분들이 우리 춤을 새롭게 알게 되어서 놀랍고, 아름답다고 감탄하며 나를 꼭 안아 줬을 때 더 잘할 걸 하는 아쉬움과 죄송해짐을 느꼈다.

나에게도 멋진 경험이 되었다. 내 옆에서 가르쳐 주시고, 봐 주시고, 말벗이 되어 주신 안무가님과 연주자님, 그리고 이러한 무대에 서게 해 주신 최 대표님께 진심으로 감사드린다.

 이런 큰 무대를 통하여 무용가로서의 내 자신을 새롭게 발견하고 배우는 좋은 기회였다. 그래서 앞으로도 더 열심히 해야겠다고 다짐한다.(2019. 9. 9.)

일본 도쿄 공연

 품바야 ~안녕! 일본 도쿄 오다와라 공연에 〈품바야〉라는 작품을 잘 보여 주고 왔다. 그 작품은 한국적인 정서가 깊고 장애무용수들에게 실수해도 맘껏 춤출 수 있는 좋은 점이 많았다.

 일본 공연 하루 전에 실수로 부딪쳐 갈비뼈에 통증이 심했지만 견딜 수 있게 해 달라고 기도하면서 다행히 무대에서는 거짓말처럼 통증을 까맣게 잊을 정도로 신명나게 췄다.

 어머님들의 수고로움으로 무대가 채워져서 무사히 마칠 수 있었다. 3일 동안 계속 비가 왔지만 봄비를 보는 즐거움이 가득해서 마음이 여유로웠으나 농인으로서 어느 나라에 가도 사람들의 시선과 소통의 불편함이 여전함을 느끼게 해 주는 여행이었다.

 그래도 서로가 몰랐던 것을 알게 되고, 사람들과 정도 들었다. 힘들어도 포기하지 않고 춤춘 것만으로도 감사하다. 〈품바야〉를 같이 공연한 멤버들과 함께 공연하면서 희로애락을 느꼈다. 〈품바야〉 작품이 오래도록 기억에 남을 것이다.(2023. 5. 17.)

베트남에서 만난 큰 태풍

　2024년 2차 해외문화탐방에 다녀와서 베트남 여행 중에 50년 만의 큰 태풍을 만났다.

　베트남의 주택은 성냥갑 같은 집들이지만 알콩달콩 이쁘게 생겼고 높은 산의 긴 계단을 도전 정신으로 올라갔으나 고소공포증에 끝까지 못 갔다.

　하늘에 먹구름이 가득하고 회오리바람이 몰아쳐서 빨리 내려가라는 신호에 서로들의 손을 잡고 내려가는 순간 물폭탄이 쏟아져 두려움이 앞섰지만 즐거워하는 모습들이었다.

　지금껏 본 적도 없고 느껴 본 적도 없는 상황들이 펼쳐졌다. 눈앞의 모습은 마치 재난영화 속의 주인공들 같았다. 다행히 무사히 귀가하여 해피엔딩이 되었다.(2023. 9. 14.)

무대에 서면 행복한 춤꾼

　영민은 무대에 서면 힘이 솟아난다. 공연을 준비할 때는 온갖 걱정을 다 하지만 막상 공연이 시작되면 흥이 나서 몸이 가벼워진다. 무대 위에서 행복해지는 진정한 춤꾼인 것이다. 그래서 영민은 공연을 마치고 돌아오면서 페이스북에 자신의 마음을 기록해 둔다.

큰 무대에서 솔로 공연을 하며
　2019년에 〈달과 꽃 그리고 빛〉이라는 작품으로 큰 무대에서 솔로 공연으로 다섯 번이나 설 수 있었다는 것은 내 인생에서 가장 소중하고 축복된 일이었다. 나를 말없이 지켜 주시고 밀어주시고 한걸음으로 달려와 응원해 주신 여러분들이 있었기에 가슴이 뭉클하고 따뜻했다.
　새해에도 더욱 좋은 작품으로 다시 만나 뵐 수 있도록 열심히 노력하겠다고 다짐했다. 춤으로 2019년을 잘 마무리할 수 있게 해 주신 하나님께 감사를 드리고 새해에도 하나님의 축복을 많이 받으시고 건강하시고 행복하시길 기도한다.(2019. 12. 30.)

신나는 〈품바ya〉

4번째의 〈품바ya〉를 공연했다. 관객 제한으로 많이 오지 않았지만 어느 때보다 덩달아 흥이 나서인지 춤동작이 자연스럽고 웃음꽃이 활짝 피어난 듯이 무척 행복했다.

안무가 선생님과 보조 선생님들도 박자와 호흡을 위해 낮은 자세로 맞춰 주시느라고 신경 쓰며 추셨기에 좋은 작품이 되어가는 느낌이었다. 그래서 감사하고 행복이 넘치는 하루였다.

어머님들의 정성과 사랑이 담긴 점심 도시락을 챙겨 주시고 뒷정리로 수고해 주신 여러 선생님들께 감사드린다. 내가 공연 중에 미끄러지는 바람에 넘어졌다. 그 당시에는 아픔을 느끼지 못했는데 이제 어깨가 찌릿찌릿 아파 오고 있지만 마음은 넉넉하다.(2022. 4. 30.)

새로운 감회가 밀려온다

수어연극 공연 〈사라지는 사람들〉에 다녀왔다. 농인배우들과 건청인배우들의 호흡이 잘 맞고 각자의 개성을 잘 살린 공연이라서 새로운 감회가 밀려왔다. 역시 농인들의 표정이 다양하고 강렬하여 비장애인배우들과 비교해도 부끄럽지 않고 뒤떨어지지 않았다고 말하고 싶다.

농인배우들 덕에 농인들의 문화와 삶의 질이 좋아질 것이라고 믿는다. 응원하는 의미로 케이크를 전달하고 돌아오는 길에 내가 35년 전에 연극했던 일들을 회상하다가 나의 힘들었던 과거 상황과 대조되어 입가에 쓴웃음이 번졌다. 요즘은 장애인의 공연 환경이 참 좋아졌다. 그때는 무대 위에서 배우가 모든 것을 다 해결해야 했는데 지금은 기획자, 연출자, 스태프들이 있어서 배우들이 연기를 잘할 수 있도록 지원을 해 주니 정말 편해졌다. 그 어려운 시절을 보내고 좋은 시절을 맞이했는데 이제는 점점 무대에 설 자신감이 없어진다.(2022. 5. 28.)

한국무용 공연에 집중하자

부평장애인문화축제에서 〈해어화〉에 듀엣으로 출연하여 공연을 잘 마쳤다. 너무 좋았다고 내년에도 또 와 달라는 부탁을 받으니 감사했다. 가는 길에 안무가님과 스마트폰으로 대화를 나눴는데 내 춤의 장점을 살려 내년에 큰 작품을 만들어 보자고 하셨다.

그분은 누구보다 나를 잘 알고 밀어주시려는 마음이 보여서 참 고맙다. 코로나19에서 거의 해방되어 가을이 되니 행사가 곳곳마다 열린다. 수어 노래 공연을 해 달라는 요청이 몇 번 왔었는데 가능하면 수어 노래 공연은 하지 않기로 방향을 잡았기에 사양하였다.

수어 노래를 접고 한국무용 공연에만 집중할 수 있는 이유는 늘 옆에 계셔 주신 안무가님 덕분에 편하게 춤을 출 수 있었기 때문이다. 내가 나이가 많은 데도 계속 춤을 출 수 있다는 게 축복이다.(2022. 9. 24.)

무대 위에서 빛나는 춤꾼 김영민

이렇게 행복해도 될까요?

서산해미읍성 600년기념축제 〈품바ya〉 초청 공연을 위해 아침 6시반에 관광버스를 타고 공연장으로 가는 중에 차 안에서 분장하고 의상도 후다닥 갈아입었다. 서산해미읍성 600년기념축제 무대에 리허설도 못하고 오전 10시 30분에 1부로 〈품바ya〉를 신나게 추며 공연을 보여 줬다. 2부 공연은 5시 30분이라서 시간이 남아 각자 자유 시간이 주어졌는데 듣지 못하는 나는 하늘과 바람과 나무들을 둘러보며 청명한 가을의 넉넉해짐을 느끼는 여유로운 시간을 보냈다.

장애무용수들과 함께 지내다 보니 저기여기서 울기도 하고 막 소리도 질러서 무섭다는 생각이 들다가도 신이 나서 무아지경으로 춤을 추는 장애인들을 보면 대견스럽기도 하다. 장애무용수들 옆에서 따뜻한 가슴으로 돌봐 주고 달래 주며 함께 소통하는 어머님들과 선생님들이 위대해 보이고 감사하다. 이런 경험을 할 수 있어서 공연 겸 여행을 하는 것은 내 인생의 기쁨이며 축복이다.

2부 공연도 프로답게 최선을 다 하였고 뜨거운 박수를 받으며 공연 의상을 입은 채로 후다닥 뛰어가서 바로 버스에 올라타고 서울로 무사히 올라왔다. 많은 것을 보고 느끼고 감사한 시간이었다. 함께 더불어 살아가는 우리 단원들이 멋있고 사랑스럽다. 이렇게 행복해도 될까요?(2022. 10. 8.)

공연 여행은 즐거워

목포장애인 국악 공연에 초청받아 1박 2일 일정으로 다녀왔다. 너무 먼 곳이라서 버스로 이동하는 동안 멀미가 나서 쉽지 않은 여행이었다. '어떻냐', '괜찮냐'는 걱정스런 말씀에 멀미약을 미리 챙기지 못해서 내가 더 미안했다.

국악과 어울리는 흥이 넘치는 공연을 잘 마치고 낙지를 푸짐하게 먹고 해상 케이블카도 타 봤는데 무서워서 밑은 내려다보지 못하고 앞만 바라보았다. 목포 바다가 참 조용하고 웅장한 것이 자연의 위대함을 새삼스레 느꼈다.

내년에 진도에 내려와 달라는 부탁을 받으니 이제 전국적으로 돌아다닐 상황이 왔나 보다. 멀미가 겁나지만 우리도 할 수 있다는 걸 알리고, 장애인 인식을 개선해서 함께하는 세상이 되었으면 하는 바람이다.

공연 여행을 하면서 서로 알아 가게 되고 정을 쌓으면서 서로 존중함을 배웠다. 멋진 공연을 펼쳐 나갈수록 겸손한 마음으로 열정적으로 춤을 추어야 한다고 다짐한다.(2022. 10. 22.)

모두의 행복이 되길

이틀 동안 광화문광장과 소월아트홀에서 〈춘앵선〉과 〈신도북춤〉을 공연했다. 우아하고 품격 있는 궁중무와 흥과 신명나는 민속무를 온몸으로 느끼고 출 수 있다는 것이 나의 행복과 모두의 행복이었으면 한다.(2024. 11. 1.)

고마운 사람들이 있어서 힘이 난다

 김영민이 오늘까지 무대를 지켜 올 수 있었던 것은 주위에 고마운 사람들이 항상 있었기 때문이다. 작은 일에도 항상 고마움을 느끼는 것이 주위에 좋은 사람들이 생기는 비결이다.
 남들이 즐거워 보여도 고맙고, 관객들이 박수를 쳐 줘도 고맙고, 우리 사회가 장애인을 위해 발전해 가는 것도 고맙다. 자기 일에 책임을 다 하는 사람을 만나도 고맙고, 자기에게 작은 칭찬만 해 줘도 고맙다. 그녀는 세상이 온통 고맙기만 하다.

일본팀 격려해 주기
 오늘 대한민국장애인국제무용제 폐막식이 있었다. 올해는 외국에서 청각장애무용수 몇 명이 나와서 반가웠다. 요즘 인공와우수술이나 보청기 기능이 좋아서인지 무대에서 진동이 없어도 듣기 연습만 잘 하면 음악을 들을 수 있는 세상이 되었다.
 올봄에 일본 공연에 다녀온 적이 있었는데 일본팀도 한국에 왔기에 그냥 지나치지 못하고 힘내라고 과일을 포장해서 갖다 주었다. 장애무용수끼리 마음이 하나 되어 같이 느끼며 공감할 수 있었다.(2023. 8. 20.)

언니 같은 스승님

국악대향연 무대에서 7년 만에 전통무용으로 〈진도북춤〉을 공연했다. 30년이 넘는 세월 동안 전통무용을 해 온 나는 한국창작무용에 집중했다가 뭔가 허전해서 한양춤길전승원으로 다시 돌아가 9월 초부터 본격적으로 배우기 시작했다. 10월에 진도북춤을 공연해 보라고 권유받았을 때 너무 오래되어서 기억이 가물가물하고 공연까지 한 달밖에 남지 않아 걱정이 많았었는데 연습을 하다 보니 신기하게도 몸이 기억해 준 덕분에 무난하게 따라갈 수 있었다.

다시 돌아와서 같이 춤을 배우고 추니까 좋았다. 삼고무까지 배워 보라고 개인 작품들을 아낌없이 가르쳐 주신 언니 같은 전 선생님께 많이 감사드린다.(2023. 10. 6.)

남장으로 변신

한양춤길무용단으로 전통무용 〈풍월도〉를 공연했다. 처음 남장으로 변신해서 공연했는데 색다른 경험이었다. 무용단원들이 나와 비슷한 나이라서 편안했다. 부모님을 모시고 간병하느라 바쁘고, 본인도 건강을 잘 관리해야 하는 나이인데도 무용에 열심

?

전통무용 <풍월도> 공연을 앞두고

이고 무대를 즐길 줄 아는 따뜻한 사람들이다.

 서로서로 아끼고 위해 주는 마음이 느껴져서 감사한 마음이 절로 솟구친다. 남장을 해서 그런지 남자의 시선으로 동료들을 바라보니 정말 곱고 아름다운 여인들이다.

"언니, 남장 잘 어울려요."

이렇게 언제나 나를 칭찬해 주니 고맙기 그지없다.

(2023. 10. 13.)

모두들 즐거워 보였다

 수원 국악한마당에서 수연례(壽宴禮, 어른의 생신에 아랫사람들이 상을 차리고 술을 올리며 오래 사시기를 비는 의식)를 축하하는 의미로 우아하고 아름다운 춘앵전을 돋보이게 추었다. 그중에 특히 버꾸춤이 재밌었다.

 춤사위가 독특해서 관객들을 이끌어 가면서 '얼씨구 좋다'는 식으로 신나게 흥에 취해 춤을 추는 모습들 속에 애잔함이 묻어나지만 즐거워 보였다.(2024. 11. 10.)

관객 덕분에 힘이 난다

 2025정월대보름한마당 공연에 한국무용 〈풍월도〉라는 춤을 추고 왔다. 칼바람이 만만치 않아 손과 발이 시리고 콧물이 흐를 정도로 추운 날씨에 살얼음같이 차가운 무대 바닥에서 이를 악물고 추었다.

같이 추는 단원들이 정신력이 강하고 대단한 덕에 잘 마칠 수 있었다. 이렇게 좋은 사람들과 함께 춤을 춘다는 것이 감사했다. 그리고 너무 추운 탓에 관객들이 별로 많이 안 올 줄 알았는데 많은 분들이 와 주셔서 고맙고 힘이 났다.(2025. 2. 8.)

끝까지 책임을 다한 음악 도우미

중구 구민회관에서 장애인의 날 축제로 〈어화둥둥 꽃길을 걷자〉라는 작품을 공연했다. 북을 쳤을 때 관객들이 장단에 박수쳐 줘서 감동이 밀려왔다. 특히 음악 도우미 선생님의 어머님을 중환자실로 모시고 갔다는 것을 알고도 내색 안 하고 책임과 약속을 지키기 위해 공연을 끝까지 마무리짓고, 바로 달려가는 모습에 감사와 미안함을 느꼈다. 참 이쁜 선생님이다.(2025. 4. 18.)

나는 영원히 춤꾼이고 싶다

　김영민은 무대의상을 입고 우아한 중전마마가 된 기분을 느끼며 춤을 출 때도 기품과 절제미를 표현한다. 춤꾼이 아니었으면 누릴 수 없는 행복이다.
　수어 노래를 할 때는 가사를 전달하기 위해 수어를 마치 춤을 추듯 큰 동작으로 표현한다. 얼굴 표정도 다양하게 짓기 때문에 사람들이 배우해도 잘했을 것이라고 했다. 김영민은 춤꾼으로 오래오래 무대에 서고 싶은 것이 마지막 소망이다.

절제미의 춤 〈춘앵무〉
　2024국악의 향연에서 춘 〈츈앵무〉는 특히 절제미의 춤인 듯, 많이 움직이지 않으면서 품위가 있고 단아하고 우아하고 아름답다. 가채를 쓰고 그 위에 화관을 쓴 후 화문석에 서 보니 품격이 느껴지고 중전마마가 된 기분이었다. 역시 기품과 절제미를 느낄 수 있는 춤이라서 좋았다.(2024. 10. 25.)

열심히 달리자

가르치랴 수업하랴 연습하랴 바쁜 하루였다. 저녁까지 공연 연습하고 공덕동 연습실에서 나온 순간 회색빛 빌딩숲 사이로 찬바람이 불어와 힘들고 답답한 가슴이 뻥 뚫리듯 시원해지며 평온함이 밀려왔다.

사람들은 퇴근길에 추워서인지 바쁜 걸음으로 오갔다. 오늘도 하루를 잘 살았음이 축복인 듯 감사했다. 내일도 내 앞에 열심히 달려갈 하루가 시작되겠지. 내일도 오늘처럼 잘 달릴 수 있기를 기대해 본다.(2024. 11. 21.)

살다 보면 살아진다

의정부농아인협회로부터 공연 요청을 받아 〈살다 보면 살아진다〉라는 제목의 수어 노래와 신명나는 북춤을 선보였다. 사는 것이 아무리 어려워도 다 살게 되어 있다는 것을 수어 노래로 표현하여 많은 사람들에게 위로와 희망을 줄 수 있다는 것이 뭉클하고 마음이 훈훈해지며 따뜻했다.(2024. 12. 5.)

살다 보면 살아진다
-영화 〈서편제〉에 수록된 곡

혼자라 슬퍼하진 않아
돌아가신 엄마 말하길

그저 살다 보면 살아진다
그 말 무슨 뜻인진 몰라도
기분이 좋아지는 주문 같아
너도 해 봐 눈을 감고 중얼거려

그저 살다 보면 살아진다
그저 살다 보면 살아진다
눈을 감고 바람을 느껴 봐
엄마가 쓰다듬던 손길이야
멀리 보고 소리를 질러 봐
아픈 내 마음 멀리 날아가네
소리는 함께 놀던 놀이
돌아가신 엄마 소리는
너도 해 봐 눈을 감고 소릴 질러

그저 살다 보면 살아진다
그저 살다 보면 살아진다
눈을 감고 바람을 느껴 봐
엄마가 쓰다듬던 손길이야
멀리 보고 소리를 질러 봐
아픈 내 마음 멀리 날아가네

왕비가 된 기분으로

〈윤슬〉이라는 제목으로 장애인과 비장애인이 함께 국악 공연을 하러 국립무형유산원에 왔다. 지금까지 본 공연장 중에 가장 웅장하고 멋진 공연장이었다. 전이연 선생님께서 가장 아끼시던 족두리와 노리개 그리고 춘앵무복을 챙겨 주시고 입혀 주셔서 왕비가 된 기분이 들었고 선생님과 함께해서 그런지 마음이 편하고 떨리지 않아 좋았다.

무대에 설 때마다 엄마가 보고 계신다는 느낌에 마음이 아릿하지만 즐기는 마음으로 춤을 추려 한다.(2025. 4. 25.)

특별한 계획이 있다기보다는 춤인생 40여 년이 되고 나이가 들다 보니 요즘은 젊었을 때처럼 보여 주기 위한 겉멋 든 춤사위보다 진정한 춤의 맛과 의미를 느끼며 추고 있다.

아울러 건강이 허락하는 한 오래오래 무대 위에서, 관객들 앞에서 울림 있는 춤을 선보이고 싶다. 개인적으로는 이런저런 공연을 꾸준히 하고 있지만 이제 나이가 있다 보니 단체 공연보다는 단독 공연이 편하다.

그리고 자신의 이름으로 새로운 작품을 만들어서 우리 춤의 춤선이 얼마나 아름답고 신명나는 것인지 많은 농인들에게, 그리고 다른 모든 사람들에게 알려 주고 싶다.

김영민

살풀이춤 준인간문화재 수당 정명숙 선생님 전통춤 사사
전 수당 정명숙 무용단, 기독무용예술원 단원
한양춤길전통무용예술원 단원
빛소리친구들 객원 단원
비버데프예술단 단장

1989 백상예술상 특별상
1991 동아일보 예술상 특별상
1991 제11회 동경 세계농아인대회 감사장
2003 전국종합예술경연대회 대상, 제8회 고양행주 전국국악경연대회 무용 일반부 동상,
　　 자랑스러운 장애인상(내외경제신문 주최), 명량국악대제전 무용 일반부 장려상
2004 전국무용경연대회 무용 부문 금상, 제3회 군산 전국국악경연대회 무용 최우수상
2006 제24회 전국농아인 수화예술제 특별상
2008 올해의 농아인상
2008 제7회 성남시장애인예술제 음악 부문 금상
2010 서울특별시 장애인복지상
2013 제1회 대한민국장애인문화예술경진대회 스페셜 K, 한국무용 우수상
2016 서울특별시의회 의장상
2022 제1회 시흥전국무용경연대회 대상
2023 시흥시 국악경연대회 한국무용 대상

주요 공연
2005~ 현재 청각장애인예술단인 비버데프예술단을 이끌며 한국무용 및 수어(수화) 공연을
　　　 200회 이상 공연

2016 제1회 대한민국장애인국제무용제, '봄, 따스한 바람으로 다가오는', 아르코대극장
2016 장애인문화예술축제, '봄, 따스한 바람으로 다가오는', 마로니에 야외무대
2017 제2회 대한민국장애인국제무용제, '아름다운 여정', 국립극장 달오름 대극장
2017 제2회 대한민국장애인국제무용제, '바랜 시간', 국립극장 별오름극장
2018 제3회 대한민국장애인국제무용제, 'Mark 7:34', 아르코대극장
2018 10주년 빛소리친구들 정기 공연, 'Mark 7:34', 고양아람누리 새라새대극장
2019 제4회 대한민국장애인국제무용제, '달, 꽃 그리고 빛', 아르코대극장
2019 미국 시카고 'Caunter Balance' 축제, '달, 꽃 그리고 빛'
2020 제5회 대한민국장애인국제무용제 '울림', 고양아람누리 새라새대극장
2021 제6회 대한민국장애인국제무용제 '파동', 고양아람누리 아람극장
2023 일본 오다와라시 초청 공연 '품바ya!'